Britta Nonnast · Stefanie Jeschke

Hier kommt Henriette

Schulhündin im Einsatz

BELTZ
& Gelberg

Udine

Zarina

Wido

Fin-Benjamin

Jamaal

Bruno

Lotti

Haya

Wanda-Marie

Onno

Magnus

Selma

Fünf vor acht

Henriette freut sich riesig.
Sie wedelt mit dem Schwanz hin
und her. Ihr Herz galoppiert vor Freude.
Auch Eddys Herz schlägt schneller,
aber vor Aufregung.
Heute ist für beide der erste Tag an der
neuen Schule. Henriette will unbedingt
pünktlich sein. Aber Eddy kommt einfach
nicht aus dem Quark. Erst hat er sich
unter seiner Bettdecke verkrochen. Dann
hat er seine Brille verlegt und Toni, den
Riesenschneck, nicht gefunden.
Eddy mag erste Tage nicht. Weil man da
nie weiß, wen man trifft und was alles
passiert. Henriette dagegen findet alles,
was neu ist, super.

„Schneller!", ruft sie. Ihre Ohren flattern
im Wind. „In fünf Minuten geht's los!"
„Schneller schneller geht nicht!",
antwortet Eddy. „Wir können nicht
fliegen fliegen."

„Und ob wir das können! Meine Ohren
können es doch auch!" Henriette möchte
am liebsten abheben.
Sie quietschen um die Ecke und sind da.
Fast hätte Eddy einen Mann mit
Mops gerammt.

Die Schule ist backsteinrot und groß. Und da ist noch etwas. Eddy zuckt zusammen. Vor der Tür steht Frau Klappeisen. Das ist die Rektorin der Schule. Die kennt er schon ganz gut. Tiere mag sie nicht. Das hat sie gleich gesagt.
„Lernen Sie korrekt zu sprechen!", hat sie auch gleich gesagt. Dabei kann Eddy natürlich richtig sprechen. Er ist ja Lehrer von Beruf. Aber oft sagt er ein Wort zwei Mal.
„Sie stottern!", findet die Klappeisen.
„Das ist als Lehrer eine Katastrophe."

„Er stottert nicht, er doppelt nur!", sagt Henriette. „So verstehen die Kinder Eddy viel besser."

Jetzt hält die Klappeisen Eddy die Uhr unter die Nase. „Es ist fünf vor acht!", schimpft sie. „Das fängt ja gut an." „Guten guten Morgen!", sagt Eddy. „Hallo!", ruft auch Henriette und winkt mit den Ohren. Mit der Schnauze schiebt sie Eddy von hinten die Treppe hoch. „Beschnuppern müssen wir uns später, Chefin. Die Kinder warten schon auf uns!"

Schlabbern verboten

„Halli-hallo!" Henriette streckt jedem
Kind die Pfote entgegen. „Streicheln
erlaubt", grinst sie, „und spielen auch".
Eddy sucht seine Brille. Deshalb fängt
Henriette schon mal mit dem Unterricht
an.

„Macht mir einfach alles nach!", sagt sie
und hockt sich kerzengerade auf den
Boden.

„Wir wachsen hö-her und hö-her."
Henriette zieht ihren Hals sehr lang.
Die Augen schließt sie. „Wir werden
grö-ßer und grö-ßer." Jetzt flüstert
Henriette: „Wir sind Riesenbäume ..."

BOMM, BOMM, klopft es an der Tür.
BOMM, BOMM. Das Klopfen wird
lauter.

Henriette mag Ungeduld nicht. „Jetzt
nicht!", ruft sie. Aber
die Tür geht trotzdem
mit einem Ruck auf.
Die Klappeisen ist das.
Die lässt sich nicht
bremsen. Schon gar
nicht von einem Hund.
In der Hand hält sie
eine Plastiktulpe.

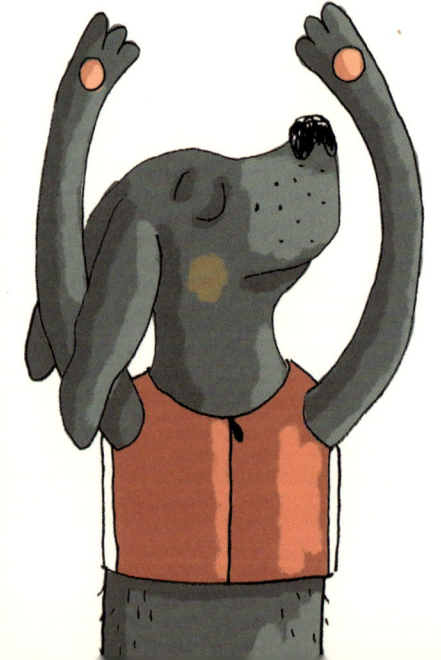

14

Vor Schreck setzt Eddy seine Brille
verkehrt herum auf.

Eddy hasst Plastikblumen.

Die Klappeisen faucht gleich los:
„Was machen die Kinder auf dem Boden?
Das sind doch keine Hunde!"

„Auf keinen keinen Fall", sagt Eddy.

„Ich will, dass die Kinder auf den Stühlen
sitzen!", donnert die Klappeisen. „Hier
herrscht Ordnung!"

15

„Du musst nicht gleich knurren", sagt
Henriette und schließt ihre Augen wieder.
„Wir brauchen keine Stühle."
Aber die Klappeisen lässt nicht locker:
„Was soll das?!"
Henriette sieht die Rektorin mitleidig an.
„Wir üben schöne Ruhe. Spürst du das
nicht?"
„Genau genau!", sagt Eddy. „Das ist eine
gute gute Übung für die Konzentration."
Die Rektorin wird tomatenrot im
Gesicht.
Henriette streckt ihr die Nase hin.
„Zweibeiner sind immer so nervös. Willst
du mich streicheln? Das beruhigt."
Die Klappeisen will aber nicht. „Geh weg,
du Hund!", schimpft sie.
„Sie macht macht nichts. Sie brauchen
keine keine Angst haben", erklärt Eddy.
„Ich habe keine Angst!"

Die Klappeisen holt tief Luft.
Ihr Brustkorb bläht sich auf. „Hunde
haben nichts in der Schule verloren!"
„Aber sie ist die beste beste Lehrerin,
die ich kenne." Das rutscht Eddy einfach
so raus.
Das passt der Klappeisen noch viel
weniger: „Ein Hund kann keine Lehrerin
sein. Ein Hund ist ein Hund. Nichts
weiter."
„Klar bin ich eine Lehrerin!" Henriette
hält der Rektorin die Pfote entgegen.
„Greif zu, Kollegin!"
„Ich bin keine Kollegin!", faucht die
Klappeisen. „Ich bin die Chefin und du
bist irgendein Vieh."
„Na und, Schnuckiputz?", sagt Henriette.
„Man kann trotzdem nett sein, oder?
Ich rede ja auch mit dir, obwohl du keinen
Schwanz hast."

Henriette stellt sich auf die Hinterpfoten, damit sie der Klappeisen in die Augen blicken kann. „Du wirst mich schon noch mögen ..." Dann schleckt sie der Rektorin über die Wange. Puh! Die schmeckt ganz schön sauer. „Du hast zum Frühstück Fischbrötchen gefressen! Stimmt's?"

„Urps!", antwortet die Klappeisen.

So entsetzt ist sie. „Erstens heißt das ge-gessen. Und zweitens geht dich das nichts an, was ich als Frühstück zu mir nehme."

Henriette rümpft die Nase. „Hab ich es doch gewusst. Fischbrötchen zum Frühstück macht schlechte Laune."

Sie stupft die Klappeisen mit der Schnauze an. „Aber Küssen macht froh!"

Jetzt lässt Henriette ihre Zunge nach rechts und links baumeln. Die Kinder finden das lustig.

Aber die Klappeisen kneift die Lippen eng zusammen. „Iiiiigitt! Bäh." Sie sieht Eddy böse an. „Hundespucke ist giftig!" Eddy schüttelt den Kopf. Doch er hält Henriette nun lieber zurück. „Lass lass das! Frau Klappeisen will keine keine Hundeküsse."

„Ich will keine Hundeküsse und ICH will auch keine Hunde an der Schule! Das OBER-SCHUL-AMT will das! Hunde stinken und haaren. Und so ein großer Hund macht alles für drei."

„Auch Kacke?", fragt Bruno.

Er ist das erste Kind, das sich traut, etwas zu sagen.

„Nee." Henriette wedelt mit dem Schwanz. „Ich kacke nicht für drei! Aber ich habe drei Mal so viele Freunde wie andere Hunde, stimmt's?"

20

„Jaaa!", rufen jetzt alle Kinder bis auf Fin-Benjamin und trampeln mit den Füßen auf den Boden.

„Schluss mit dem Hunde-Schnickschnack!" Die Klappeisen drückt Eddy die Plastikblume in die Hand. „Heute stehen Tulpen auf dem Lehrplan! Klar?" Dann stürmt sie aus dem Klassenzimmer.

Henriette lächelt. „Ein harter Knochen ist die! Aber ich krieg die schon noch klein."

Achtung, Zähne!

„Also, die Tulpe ist eine eine
Zwiebelpflanze." Eddy hält die
Plastikblume hoch. Er will gerne an der
Schule bleiben. Und da macht ein
junger Lehrer, was die Chefin sagt.

Henriette gähnt. „Zwiebeln
stinken. Und Tulpen öden mich an." Sie
will lieber mit den Kindern Fährten
suchen.

Genau in dem Moment fliegt ein rundes,
schwarzes Ding durch das offene Fenster
ins Klassenzimmer. Es landet in Widos
Rucksack.

Vor Schreck fällt Eddy die Brille von der
Nase. „Was was war das?!"

Henriette ist mit einem Satz beim
Rucksack.

„Das sah aus wie eine Kanonenkugel!",
ruft Jamaal.

Henriette schnuppert. „Es ist KEINE
Kanonenkugel ..."

Die Kinder springen auf und möchten
alle sehen, was da durchs Fenster kam.

23

„Zurück zurück!" Eddy schiebt alle zur
Seite. „Ich schaue schaue nach."
Kaum steckt er seine Hand in
den Rucksack, faucht es
fürchterlich.
„Autsch!" Schnell zieht Eddy die
Hand zurück.
„Ist da ein Drache drin?", fragt
Zarina.
„Könnte sein ..." Henriette grinst und
schubst den Rucksack um.
„Drachen gibt es doch gar nicht", sagt
Haya.
Eddy reibt sich die Hand. „Achtung!
Es es hat Zähne!"
Im Rucksack bewegen sich die
Hefte und Bücher.
„Ich will es auch sehen",
sagt Magnus und drängelt
sich vor.

24

Eine kleine, runde schwarze Nase kommt
zum Vorschein.

Henriette hat es gleich gewusst: „Das ist
doch nur ein kleiner ...“

„... IGEL!“ Eddy ist erleichtert.

„Können Igel etwa fliegen?“, fragt Bruno.

Fin-Benjamin verdreht die Augen.

„Können sie NICHT!“

„Vielleicht ist er aus einem Flugzeug
gefallen!“, ruft Onno.

„Oder er hat Weitsprung gemacht“,
schlägt Magnus vor. „Von einem
Trampolin!“

Aber im Schulhof ist weit und breit nichts
von einem Trampolin zu sehen.

Angriff!

„Lasst uns alle alle überlegen", sagt Eddy.
„Wer oder was kann fliegen fliegen?"
„Ich!", ruft Henriette und springt vom
Pult auf den nächsten Tisch. „Und hopp
und hopp!"

Und BLOPP!

Ein graues Federknäuel saust gackernd
durchs Fenster herein. Es landet in Eddys
Ledertasche.
Eddy zwinkert. „Hä? Ich glaub's nicht
nicht! Was ist denn hier hier los?"
Henriette schüttelt sich, dass die Ohren
nur so fliegen.

„Es regnet Tiere durchs Fenster! Das eben
war ein federiges Flughuhn."
Mit einem Satz ist Henriette am Fenster.
„Da draußen ist was faul!"

„Unter unter die Tische!", ruft Eddy. „DA
KOMMT KOMMT NOCH WAS!"

27

„Was soll das?!" Plötzlich steht die
Klappeisen wieder im Klassenzimmer.
„Keine keine Ahnung!", sagt Eddy.
„Es regnet Müll und Tiere in unser
Klassenzimmer", brummt Henriette.
„Das siehst du doch."
Eddy versucht zu lächeln. „Ich wollte
gerade über über Tulpen sprechen,
da ...“

Die Klappeisen winkt ab:
„Kaum sind Sie mit Ihren
Tieren hier, haben wir einen
ganzen Zoo an der Schule.
Und einen Haufen Müll noch
dazu. Das geht so nicht!"
„Tiere sind hammercool", hält
Henriette dagegen. „Aber Müll
braucht kein Lauch."

Jetzt entdeckt Henriette das neue
Mädchen. Sie drängt sich an der
Klappeisen vorbei und sieht es neugierig
an. „Hallooo! Ich bin deine Schulhündin
und heiße Henriette. Und wer bist du?"
„Lotti heiß ich", sagt das Mädchen.
„Sie ist zu spät!", mischt sich die
Klappeisen ein.
„Macht nix!" Henriette gibt Lotti einen
Schlabber-Schmatz auf die Wange.
„Ab heute kommst du pünktlich, okidoki?"
Lotti kichert und gibt Henriette auch
einen Schmatz.

Henriette schnüffelt: „Du riechst lecker-schmecki."

Das findet die Klappeisen unmöglich.
Sie zieht Lotti zurück. „Hier wird weder geschlabbert, geschnüffelt noch geschmeckelt!"
Sie tippt Eddy auf die Brust: „Das OBER-SCHUL-AMT soll wissen, was hier abgeht. Kaum ist dieses Vieh im Haus, spielt alles verrückt. Kinder werden fast aufgefressen und Müll fliegt durchs Fenster."

„Ich fresse keine Kinder!" Darauf besteht Henriette. „Nur alte Knochen und gesunde Leckerli!"

„Henriette ist ein lieber
lieber Hund", beeilt sich
Eddy zu sagen. „Damit hat
sie nichts nichts zu tun. Das
muss muss ein Zufall sein."
„Ich glaube nicht an Zufälle", kläfft die
Klappeisen. „Klären sie das, sonst gibt's
Ärger! Ich sage klipp und klar: Wir sind
kein Zoo, wir sind kein Zirkus,
wir sind eine SCHULE!"

Ein Hund ohne Stimme

„Von dort dort kamen die Tiere und der Müll", stellt Eddy fest.
„ACHTUNG! Da kommt noch mehr!", ruft Jamaal und hüpft unter den Tisch.
Viele kleine, runde Hundekekse prasseln in den Raum.
Hinterher segelt ein Papierflieger.
Dann ist Ruhe.

Henriette beschnüffelt die Hundekekse.

„Mieses Mistzeug. Ungenießbar. Keiner fasst das an!"

Eddy zeigt Henriette den Flieger: „‚Die doofe Dogge soll weg!'", liest er vor. „Henriette, das geht gegen gegen dich!"

Henriette knurrt laut: „Gemeinheit! Irgendwo hinter der Mauer wohnt ein mieser Hundehasser. Wenn ich den erwische, dann dampft's!" Sie zeigt ihre Zähne.

„Wir reden reden mit dem," sagt Eddy. „Er oder sie soll wissen, dass du ein feiner feiner Hund bist."

„Alles Quatsch!" Henriette schüttelt sich. „Leute, die Mauern bauen, knurren den ganzen Tag und bellen ganz ohne Grund. Und sie haben immer etwas zu verstecken. Vor allem ihre Stinklaune."

Henriette sieht den Kindern reihum in die Augen. „Aber wir lassen uns nicht aufhalten! Wir müssen da rüber."

„Wir fliegen!", ruft Lotti begeistert.

„Und wie bitte soll das gehen, ohne Flügel?", fragt Fin-Benjamin. „Außerdem ist der kein Fluglehrer." Er zeigt auf Eddy: „Er soll uns was über Blumen erzählen."

„Genau", nickt Eddy. Er muss sich an den Lehrplan halten. „Die Tulpen blühen blühen im ..."

„Das Grünzeug wächst im Frühjahr. Und jetzt ist September", sagt Henriette. Sie gibt Eddy mit der Nase einen kräftigen Stups. „Die Tulpen können warten, Partner. Sei ein Rudelführer! Wir müssen rausfinden, wer das war. Sonst gibt die Klappeisen uns die Schuld. Und ich darf nicht mehr mit."

„Das darf nicht nicht sein", sagt Eddy.
„Los los, Kinder. Ab nach draußen!"

Hinter der Mauer ist ein lautes Grunzen
zu hören.
„Ich glaube, das ist ein Stinkeschwein",
sagt Selma.

Zurück!
Aber dalli!

Henriette beschnüffelt
die Mauer und
bellt leise.
Das Grunzen
wird lauter.
„Das ist kein Schwein“,
sagt Henriette. „Das klingt
eher wie ein heiserer
Hund. Der spricht saukomisch.“ Sie bellt
noch einmal. Die Antwort ist ein
krächzendes **grch.**
Eddy versteht eigentlich alle Hunde.
Trotzdem schüttelt er den Kopf: „Ich bin
mir nicht sicher sicher. Das könnte
könnte auch Schweinesprache sein.“
Da ertönt plötzlich eine schrille Stimme.
Oh nein! Die Klappeisen ist das ...
„Keiner darf das Schulgebäude in der
Schulstunde verlassen. Zurück in den
Klassenraum. Aber dalli!“

Gemütliches Denken

Zurück im Klassenzimmer fragt Eddy die
Kinder: „Wir müssen müssen wissen, was
hinter der Mauer ist. Aber wie? Wer hat
eine eine Idee?"
Henriette gähnt. „Dösen und Denken
fängt beides mit D an", sagt sie und rollt
sich ein.

Es ist sehr leise im Raum.
Nur das Klappern der Klappeisen-Schuhe
ist auf dem Flur zu hören.

Klapp.
Klack.
Klack-klack.
...
Klapp-klipp-klipp.
Klack.

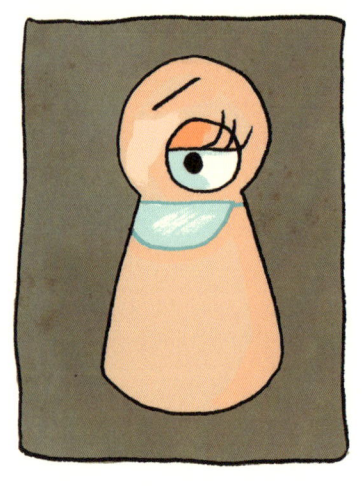

Henriette knurrt leise, ohne die Augen zu öffnen.

Fin-Benjamin zeigt auf sie: „Die schläft, obwohl sie auf uns aufpassen soll. Ist das erlaubt?" Aber niemand gibt ihm eine Antwort.

Langsam breitet sich wieder eine starke Ruhe aus. Bis Lotti aufspringt: „Wir bauen eine Zwille!"

Henriette will abheben

Eddy zeichnet eine Zwille an die Tafel:
„Ein Wurfgeschoss, um Dinge durch
durch die Luft zu schleudern."
„Und Hunde!" Henriette streckt sich lang.
„Coole Idee. Ich fliege über die Mauer
mit der Zwille!"
„Du fliegst nicht mit der Zwille. Die
Zwille bleibt hier. Du bist die Ladung",
sagt Udine.
Fin-Benjamin meldet sich. „Machen wir
jetzt endlich Mathe? Ich will nicht
basteln."
„Kommt kommt noch", sagt Eddy.
„Erst fliege ich über den Schulhof!", jubelt
Henriette. „Wie ein Schmetterling."
Eddy ist nicht begeistert. „Das ist zu zu
gefährlich, du kannst auf den Kopf
knallen! Oder dir dir die Pfoten brechen."

„Sei kein Schoßhund!" Henriette streckt ihren Hinterlauf aus. „Siehst du das? Das sind richtige Muskeln! Ich springe weiter als jedes Super-Känguru und lande butterweich."

„Das klappt nie", sagt Fin-Benjamin.

„Wir brauchen eine große große Zwille", überlegt Eddy. „Henriette ist schwer."

„Ich bin genau richtig!", findet Henriette, „66 Kilo!"

„Dreimal so viel wie ich", staunt Onno. „Mal schauen, was es im Hausmeisterschuppen alles alles gibt", ruft Eddy. „Wir brauchen Holz, Nägel, Säge, Bohrer, starke starke Gummibänder und einen Hammer."

„Ich will nichts bauen", mault Fin-Benjamin. „Ich will Mathe machen!"

„Äh ..." So was hat Eddy noch nie gehört.

„Ja, klar. Ab morgen morgen wird gerechnet."

„Das finde ich aber doof ..." Fin-Benjamin zieht eine Schnute und verschränkt die Arme.

Henriette schlägt mit der Schnauze das Mathebuch auf. „Kein Problem, Schnucki. Seite 30, Aufgabe 3 a bis 3 g. Du darfst so viel rechnen, wie du willst." Sie gähnt weit. „Ich passe auf dich auf, Süßer. Und nebenher penne ich noch eine Runde. Ich will fit sein, wenn es losgeht!"

Eins, zwei ... drei

Die Schule ist aus. Aber keiner will nach
Hause. Eddy und die Kinder hämmern,
sägen und leimen. Bis auf Fin-Benjamin.
Der ist über dem Mathebuch
eingeschlafen.

Die Klappeisen bewacht den Flur, doch
kein Kind kommt aus dem
Klassenzimmer. Das passt ihr nicht.
Nach dem letzten Läuten sollen gefälligst
alle heimgehen. So leise wie möglich legt
sie ihr Ohr an die Klassentür.
Das spürt Henriette sofort.
„Komm rein, Frau Klappeisen!", ruft sie.
„Wir üben Yoga. Das ist gesund und
macht flexibel. Auch dich!"

Die Klappeisen fühlt sich ertappt. Yoga will sie schon lange machen. Aber irgendwie kommt immer etwas dazwischen. Auf Zehenspitzen schleicht sie zurück ins Lehrerzimmer. Nur ihre Perlenkette klimpert.

„Sie ist weg", sagt Henriette und wedelt mit dem Schwanz. „Wir können loslegen!" Die Kinder sammeln den Müll in einen großen Sack. Der soll zuerst über die Mauer fliegen. Onno legt ihn auf den Munitionshalter. Lotti und Wanda-Marie spannen die Zwille und lassen los. Es funktioniert …! Mit einem lauten zsschschhh schießt der Müllsack durch das Fenster und zischt über die Mauer. Als Antwort kommt sofort eine alte Büchse zurück.

„Na warte, du Miesling!", ruft
Henriette. „Jetzt komme ich!"

Haya leiht Henriette ihren Fahrradhelm.
„Pass pass auf dich auf", sagt Eddy und
prüft noch einmal die Konstruktion.
„Guten Flug!", wünscht Selma.
Henriette steigt in den Munitionswerfer.
„Tschüssi!", ruft sie und winkt mit dem
Schwanz.
Eddy und die Kinder spannen das dicke
Gummiband.
Henriette kräuselt ihre Lefzen.
Irgendetwas passt ihr nicht. Aber was?
„Jetzt geht's los los. Auf drei!", ruft Eddy.
„EINS ... ZWEI ...", zählt die ganze
Klasse.
Da hebt Henriette ihre Pfote:

„STOPP!"

Henriette hat noch was
vergessen ...

Die Ohren!

Dann ist Henriette startklar.
Abflug auf DREI!

Eins ... Zwei ... und DREI!

Nicht zum Aushalten

Auf der anderen Seite der Mauer steht ein kleiner, dicker Mops. Fast wäre Henriette ihm auf den Kopf gehüpft.

Der Mops grunzt laut. GRRCH.

„Was sagst du?" Henriette versteht kein Wort. „Du bist ganz schön heiser."

Grrrtsch, antwortet der Mops.

„Kannst du deutlicher bellen?", fragt Henriette.

Dann sieht sie die seltsame Maschine:
„Wer hat die gebaut?"

Grrrotsch, knurrt der Mops. Er lässt
Henriette nicht aus den Augen.

Grrrotsch.

Henriette spricht viele Hundesprachen,
aber so ein Kauderwelsch hat sie noch nie
gehört. „Tut mir leid, Kleiner. Wir beide
können nicht miteinander reden."

Grrrkkk.

Henriette wittert einen Menschen. Da ist
einer, der schlimm stinkt!

Er kommt näher und näher.

Bähhh, dieser Gestank ist für Henriette
grauenhaft!

Sie muss die Luft anhalten. Dabei wird
ihr schwindelig.

„Mir wird schlecht. PUHHHH ...", stöhnt
sie und fällt in Ohnmacht.

Die Mauer wird erobert

Als Henriette wieder aufwacht, sind ihre Pfoten gefesselt. Außerdem hat ihr jemand die Schnauze zugebunden. Das kann sie überhaupt nicht leiden.

Vor ihr steht ein Mann. Der stinkt nach Parfüm, dass es Henriette die Hinterläufe wegzieht.

Er packt sie am Ohr. „Wen haben wir denn da?", fragt er und grinst hämisch. „Die Dogge mit dem Schul-Diplom fällt einfach so in Ohnmacht ...?"

Bloß nicht die Luft anhalten, denkt Henriette. Sie will auf keinen Fall noch einmal umkippen. Trotz Gestank atmet sie weiter. Sie gibt sich alle Mühe ...

Da hört Henriette Eddys Stimme.

Er brüllt so laut wie sonst nie.

„Lassen Sie meine meine Henriette frei!!!"

Falscher Ehrgeiz

Der Stinker redet nicht. Er zieht die Unterlippe runter und schweigt.

Aber der Mops quasselt ununterbrochen.

Henriette winkt ab: „Ich kann machen, was ich will. Für mich redet der Chinesisch."

Eddy hört genau hin. Als Kind hat er oft einen alten Pekinesen ausgeführt. Der sprach einen alt-chinesischen Hundedialekt.

Der Mops erzählt aufgeregt: **Mafff Muuss. Gefffff, grrrraaaapf.**

Langsam versteht Eddy, was der kleine Hund sagen will. „Er er heißt Maximus. Er sagt, dass sein Mensch unbedingt will will, dass er Schulhund wird."

Brrrrikkkk krrrroch.

„Weil sein Mensch früher früher
auch mal ein Lehrer war",
übersetzt Eddy.

Brofff greschesch.

„Er wollte, dass du
durchdrehst und von
von der Schule fliegst!"

**Pfffrrret greschk
pflitsch.**

„Deshalb hat sein Mensch alles alles
durch das Fenster geworfen."

Henriette horcht gespannt wie ein
Flitzebogen.

Mmmpfff pfefff Gefffff.

Eddy zieht ein mitleidiges Gesicht.

„Der Mops sagt, er will gar gar kein
Schulhund sein. Er liegt viel lieber auf
dem Sofa oder frisst frisst."

Henriette sieht den Stinker streng an.
„Wie heißt du? Und woher hast du die
Tiere?"

„Tierhandlung", ist alles, was der Stinker
rausbringt. „Umtausch ausgeschlossen."
Erst will er nicht sagen, wie er heißt.
„Aber das steht doch sowieso an deiner
Klingel", ruft Wanda-Marie.
„Www-Walter Pfenning, heiß ich." Der
Stinker ist ganz verdattert.
„Und und das Eichhörnchen und der
Igel?", will Eddy wissen. „Wo kommen
die her her?"
„Aus dem Garten", gibt Stinke-Walter zu.
Henriette schüttelt den Kopf. „Als ob
mich Schmusetiere aus der Ruhe bringen
würden. Ich bleibe cool, egal was passiert.
Ich bin eine Schulhündin mit Diplom,
jawohl!"

„Was machen wir denn jetzt mit dem Walter?", fragt Zarina.

„Den fesseln wir! So wie er es mit Henriette gemacht hat", schlägt Selma vor.

Jetzt bekommt der Stinke-Walter richtig Angst und will doch noch was sagen.

„Neiiiiiiiiiin! Ich werfe auch keine Tiere mehr durch die Luft." Er schaut Henriette an wie ein treudoofer Dackel.

„Ich kann Gedanken lesen ...", warnt Henriette und blickt Walter tief in die Augen. „Die Lügen der Zweibeiner kenne ich alle!"

Walter legt bittend die Hände aufeinander. „Es tut mir leid! Du bist die beste Schulhündin der Welt. So groß und so schön!"

„Beste Schulhündin des Universums, das stimmt", sagt Henriette. „Aber spar dir dein Gesäusel."

Walter lässt missmutig den Kopf sinken. Er stinkt jetzt mehr nach Angst als nach Parfüm.

Grrreemmmpfff. Der Mops erhebt sich und wackelt ins Haus.

„Was hat er gesagt?", wollen die Kinder wissen.

Aber Eddy winkt ab: „Ein dummer dummer Kommentar. So was übersetze ich nicht."

Wiedergutmachung

„Ich habe Geld. Wollt ihr Geld?",
wimmert der Walter.

Henriette, Eddy und die Kinder stecken
die Köpfe zusammen und flüstern.

Udine tritt vor. „Wir wollen kein Geld",
sagt sie. „Wir wollen, dass du der
Klappeisen alles erklärst."

Henriette wippt mit den Ohren. „Genau.
Eddy und ich wollen keinen Ärger."

„Gut, mach ich, versprochen ...", sagt
Walter, der Stinker. „Gleich morgen
früh."

„Nein. Gleich jetzt!", sagt Henriette.
„Gute Hunde erledigen ihr Geschäft
schnell. Davon kannst du dir eine Scheibe
abschneiden."

Dann machen sich die Kinder ans Werk.
Mit Henriettes Hilfe spannen sie den
Wurfarm.
„Nein! Nicht ...!", wimmert Walter. „Ich
mache alles, was ihr wollt!"
Aber da wird er schon in die Luft
geschleudert. Mit einem lauten Zischen
fliegt Stinke-Walter über die Mauer. Er
rudert mit den Armen und trudelt über
den Schulhof ...

... aber weit kommt er nicht. Er ist einfach
zu schwer. Vor dem großen Baum stürzt
er ab.

Doch zum Glück fällt er weich.

Das fängt gut an

„Wir sind super!", freut sich Henriette.
„Wir haben den Tierquäler überführt!"
„Und du bist bist geflogen!", staunt Eddy
noch immer.
„Und DU hast verdammt gut mopsig
übersetzt." Henriette ist sehr stolz auf
Eddy: „Du bist der
beste Tierversteher
der Welt."
„Danke danke", sagt
Eddy. „Du bist der
beste beste Hund der
Welt."
Henriette dreht die
Ohren wie
Windräder.

„Wir sind das beste Schulteam der Galaxie! Und das Jahr fängt galaktisch genial an." Sie winkt die Kinder zu sich und drückt sie an ihr weiches Fell. „Kommt her, ihr Süßen! Wir machen ein schönes Klassenfoto."

Ameisen-Scheiiiiiiiiiiiiße!

MIX
Papier | Fördert
gute Waldnutzung
FSC® C089473

FSC
www.fsc.org

Dieses Buch ist erhältlich als:
ISBN 978-3-407-75455-4 Print

© 2019 Beltz & Gelberg
in der Verlagsgruppe Beltz · Weinheim Basel
Werderstraße 10, 69469 Weinheim
Alle Rechte vorbehalten
Text: Britta Nonnast
Lektorat: Stefanie Schweizer
Umschlagillustrationen und Illustrationen im Innenteil: Stefanie Jeschke
Konzept der Einbandgestaltung: Julia Kerschbaumer, www.illubelle.com
Satz: Tim Oliver Pohl, Elisabeth Werner
Druck und Bindung: Beltz Grafische Betriebe, Bad Langensalza
Printed in Germany
3 4 5   25 24

Weitere Informationen zu unseren Autor:innen und Titeln
finden Sie unter: www.beltz.de